Inhalt

Der nationale Allokationsplan zum Emissionshandel

Kernthesen

Beitrag

Fallbeispiele

Weiterführende Literatur

Impressum

GENIOS WirtschaftsWissen Nr. 06/2004 vom 02.06.2004

Der nationale Allokationsplan zum Emissionshandel

I.Zeilhofer-Ficker

Kernthesen

- Durch das Kyoto-Protokoll von 1997 ist die BRD zur Verminderung der Kohlendioxidemissionen verpflichtet.
- In Europa setzt man zur Reduzierung von Industrieabgasen auf den Handel mit Emissionszertifikaten, der zum 1. Januar 2005 europaweit gestartet wird.
- Der Umfang der Treibhausgasreduktion für Deutschland sowie die Erstverteilung von Emissionsrechten wurde vom Bundeskabinett im Nationalen Allokationsplan festgeschrieben.

- Die Menge der kostenlos zugeteilten Emissionszertifikate kann für ein Unternehmen immense Kostenvor- oder -nachteile bedeuten.
- Für die Energiewirtschaft wurden diverse Ausnahmeregelungen getroffen, damit der notwendige Ersatz von Altanlagen und Kernkraftwerken zügig vorgenommen wird.

Beitrag

Weltweite Selbstverpflichtung zur Reduzierung von Luftschadstoff-Emissionen

Weltweit herrscht Einigkeit darüber, dass der schadstoffbedingte globale Temperaturanstieg zu massiven Störungen des Weltklimas und der Ökosysteme führt. So haben die Vereinten Nationen bereits 1992 während der Klimarahmenkonvention anerkannt, dass nur durch eine zielgerichtete weltweit einheitliche Klimapolitik die gewünschte Temperaturstabilität erreicht werden kann. [1], [2]

Die Hauptindustrieländer mit Ausnahme der USA gingen deshalb 1997 mit dem Kyoto-Protokoll eine

Selbstverpflichtung zur Reduzierung von Schadstoffemissionen ein. Für die Europäische Union gilt ein Minderungsziel bis 2012 von 8 Prozent gegenüber den Emissionswerten von 1990. In einer EU-internen Lastenverteilungsvereinbarung wurde das Ziel für die BRD als einem der Hauptemittenten auf 21 Prozent Schadstoffreduzierung festgelegt. (1), (2)

Das Kohlendioxid (CO2) gilt als Hauptverursacher des "Treibhauseffekts", der fast zur Hälfte von CO2-Emissionen verursacht wird. In der EU werden deshalb vielfältige Anstrengungen unternommen, den Kohlendioxidausstoß zu verringern. Im industriellen Bereich soll der ab 2005 geplante Emissionshandel die gewünschten Erfolge bringen. (2)

Der Emissionshandel in Europa

Der Emissionshandel basiert auf dem Prinzip, dass alle mehr als einen Grenzwert CO2-ausstoßende Industriebetriebe und Energieerzeuger ein gewisses Maß an Rechten für den Schadstoffausstoß vorerst kostenfrei zugeteilt bekommen. Die zugeteilte Menge reduziert sich von Jahr zu Jahr, um einen Anreiz für technische Neuerungen und Modernisierungen zu bieten, die die Emissionsmengen verringern. (1)

Stößt ein Betrieb mehr Abgase aus als ihm zugeteilt wurde, muss er zusätzliche Zertifikate kaufen. Bläst eine Fabrik weniger CO_2 in die Luft als genehmigt, kann es die überschüssigen Emissionsrechte zum bestmöglichen Preis auf den Markt bringen. Man erwartet durch dieses marktwirtschaftliche Steuerungselement umfangreiche Modernisierungen zur Schadstoffreduktion vor allem dort, wo sie mit geringsten Kosten den größten Effekt erzielen. Durch den Handel mit Emissionszertifikaten soll also das ökologische Ziel der Schadstoffreduktion mit ökonomisch günstigsten Mitteln erreicht werden. (1), (9)

Laut EU-Verordnung hatten die EU-Länder bis Ende März 2004 Zeit, um nationale Allokationspläne für den Umfang und die Verteilung von Emissionsrechten zu entwickeln und bei der EU-Kommission zur Genehmigung einzureichen. (2)

Die Bundesrepublik Deutschland ist dieser Verpflichtung im letzten Moment nachgekommen und hat den Zuteilungsplan für die betroffenen 2 629 deutschen Industrie- und Energiewirtschaftsunternehmen vorgelegt. Aus Italien und Spanien lagen zum Stichtag noch keinerlei Angaben vor, die offiziellen Pläne fehlten auch noch aus Großbritannien, Niederlande und Portugal.

Trotzdem soll schon ab Januar 2005 mit dem europaweiten Handel von Emissionszertifikaten begonnen werden. (3)

Der Nationale Allokationsplan

Bis 2012 muss die Bundesrepublik Deutschland ihre Kohlendioxidemissionen auf 846 Millionen Tonnen pro Jahr reduzieren. Ein Grossteil dieser Emissionen wird vom Verkehr und von privaten Haushalten verursacht. Hier versucht man eine Reduzierung über politische Instrumente wie die Ökosteuer oder das Erneuerbare-Energien-Gesetz herbeizuführen. (4)

Für den industriellen Sektor inklusive der Energieerzeugung hat sich das Bundeskabinett auf eine jährliche CO_2-Ausstoßmenge von 503 Millionen Tonnen in den Jahren 2005 bis 2007 geeinigt, von 2008 bis 2012 muss diese Menge auf 495 Millionen Tonnen Kohlendioxid pro Jahr sinken. Der Emissionshandel soll dazu wesentlich beitragen. (5), (8)

Basis für die Zuteilung von Emissionsrechten ist eine Datenerhebung im Zeitraum 2000 bis 2002 anhand welcher der tatsächliche CO_2-Ausstoß für jede den Grenzwert überschreitende Anlage ermittelt wurde. Diese Ausstoßmenge ergibt den Erfüllungsfaktor 1.

Zum Zweck der Emissionsreduzierung wird nun der Erfüllungsfaktor von Periode zu Periode reduziert, das heißt jeder Betrieb bekommt von Jahr zu Jahr weniger Zertifikate zugeteilt. (10), (www.bmu.de)

Das Bundeskabinett hat den Erfüllungsfaktor für Deutschland für die Periode 2005 bis 2007 auf 0,9755 festgelegt. Das heißt, jeder betroffene Betrieb muss seine Emissionen um mindestens 2,45 Prozent reduzieren, sofern er nicht von einer der vielen Ausnahmeregelungen profitieren kann. Ausnahmen wurden vor allem für die Energieerzeuger gemacht, damit die längst fällige Modernisierung von alten Kohlekraftwerken und der Ausstieg aus der Atomenergie möglichst zügig und umweltschonend vonstatten geht. Entscheidend ist dabei die Menge der kostenlosen Erstzuteilung von Ausstoßrechten. Denn schnell kann durch eine höhere Zuteilung ein Kostenvorteil in zigfacher Millionenhöhe entstehen. (5), (www.bmu.de - Emissionshandel)

Sonderregeln

Modernisierung von Kohlekraftwerken

In Deutschland sind viele oft über 30 Jahre alte Kohlekraftwerke im Einsatz und blasen riesige

Mengen an Kohlendioxid in die Luft. Damit diese Kraftwerke möglichst schnell durch effizientere und umweltfreundlichere Anlagen ersetzt werden, gilt für sie eine Sonderregel. Für "Dreckschleudern" gilt ein um 15 Prozent niedrigerer Erfüllungsfaktor, d. h. es werden weniger Zertifikate kostenlos zugeteilt. Wird eine "Dreckschleuder" aber durch ein effizientes, umweltschonendes neues Kraftwerk ersetzt, so wird der Betreiber noch vier Jahre lang mit der Menge an Emissionszertifikaten ausgestattet, die er für die Altanlage gebraucht hätte (Übertragungsregel). Für weitere 14 Jahre gilt der Erfüllungsfaktor 1, das heißt es müssen keine weiteren Emissionsreduzierungen nachgewiesen werden. Durch den Verkauf der überschüssigen Zertifikate kann die Investitionslast wesentlich verringert werden. (6), (7), (11)

Ersatz von Atomkraftwerken

Atomkraftwerke geben kein Kohlendioxid in die Luft ab. Da im Zuge des vereinbarten Atomausstiegs die deutschen Atomkraftwerke durch CO_2-ausstoßende Anlagen ersetzt werden müssen, ist hierfür eine spezielle Zertifikatsreserve vorgesehen. Für den Ersatz der AKWs Stade und Obrigheim ist deshalb für die Periode 2005 bis 2007 eine Emissionsmenge von 1,5 Millionen Tonnen CO_2 reserviert. Für später abzuschaltende AKWs wird die Zuteilungsmenge zu einem späteren Zeitpunkt festgelegt. (9), (11),

(www.bmu.de)

Early Actions

Als "Early Actions" bezeichnet man Umweltschutzmaßnahmen, zwischen dem 1. Januar 1994 und heute durchgeführt wurden. Für diese Anlagen kann der Erfüllungsfaktor 1 für bis zu 12 Jahre nach Abschluss der Maßnahme beantragt und gewährt werden, wenn dadurch entsprechende Emissionsminderungen erzielt wurden. Diese Regel wird vor allem den Kraftwerksbetreibern in Ostdeutschland zugute kommen, die in den vergangenen Jahren bereits umfangreiche Emissionsreduzierungen durch Modernisierung erreicht haben. (10), (www.bmu.de)

Neuanlagen

Für neue Anlagen existieren keine historischen Emissionswerte. Die Betreiber von neuen Anlagen bekommen deshalb so viele Zertifikate zugeteilt, wie sie brauchen, um mit der jeweils marktgängigsten klimaschonenden Technik produzieren zu können. Dieser spezifische Emissionswert (Benchmark) für "Newcomer-Anlagen" ist momentan auf 750 g CO_2 festgelegt. Der jeweilige Benchmark bleibt für die Neuanlage 14 Jahre lang unverändert. (8), (11), (www.bmu.de)

Weitere Ausnahmeregeln

Weitere Sonderzuteilungen gibt es für Kraft-Wärme-Kopplungs-Anlagen sowie für Betriebe, die prozessbedingt kaum CO_2 einsparen können. (8), (11)

Clean Development Mechanism (CDM) und Joint Implementation (JI)

Die EU-Vorschriften sehen ausdrücklich vor, dass fehlende Zertifikate auch durch Umweltschutzprojekte im Ausland aufgewogen werden können. Wird in Projekte in Schwellenländern (Clean Development Mechanism) oder in aufstrebenden Industrienationen (Joint Implementation) investiert, so erhält man dafür eine Emissionsgutschrift die im Inland angerechnet wird. (12)

Offene Fragen

Zuständigkeiten und Handelsplatz

Offen ist zur Zeit noch die Frage, wie künftig die Zuständigkeiten zwischen Bund und Ländern verteilt werden. Für die Erstzuteilung von Zertifikaten ist das Bundesumweltamt zuständig. In der Diskussion ist allerdings die Frage der Kontrolle. Da die Anlagengenehmigung nach dem Bundesimmissionsschutzgesetz bei den Ländern liegt, wollen diese auch die Zuteilung und Kontrolle von Emissionszertifikaten durch die Länderbehörden vornehmen lassen. Die Angelegenheit liegt im Zuge des Genehmigungsverfahrens für das Gesetz zum Handel mit Treibhausgaszertifikaten (TEHG) beim Vermittlungsausschuss. (13)

Offen ist ebenfalls, wo der Handel mit Emissionszertifikaten stattfinden soll. Als Handelsplattform kommt die Leipziger Energiebörse EEX in Frage, aber auch andere Börsenplätze sind nicht ausgeschlossen. (14)

Fallbeispiele

Einer Studie der britischen Innovest-Gruppe zufolge könnten durch den Ersatz von Kohlekraftwerken durch Anlagen, die mit Gas arbeiten wesentliche Kosteneinsparungen erreicht werden. Profitieren würde davon auch das Klima, da Gasanlagen weniger CO_2 in die Luft blasen als Kohlekraftwerke. Für den RWE-Konzern hat man jährliche Einsparungen von bis zu 50 Millionen Euro errechnet, für Eon wären es immerhin noch 20 Millionen pro Jahr. (19)

Vom 9. bis 11. Juni 2004 findet in Köln die weltweit erste Messe zum Thema Emissionshandel statt. Die "Carbon Expo" soll als Plattform dienen, um alle Fragen zum und um den Emissionshandel zu klären. Als Aussteller betätigen sich hauptsächlich Service- und Technologieanbieter aber auch einige Entwicklungsländer, die sich als Partner für CDM-Maßnahmen anbieten. (20)

Weiterführende Literatur

(1) Am Emissionshandel führt kein Weg vorbei
aus Frankfurter Allgemeine Zeitung, 20.03.2004, Nr. 68, S. 13

(2) Die Klimapolitik wird erwachsen Zehn Jahre UN-Konvention – Der Emissionshandel mausert sich zum Transmissionsriemen der Ökologie
aus Frankfurter Rundschau v. 02.04.2004, S.8,

Ausgabe: S Stadt

(3) Dicke Luft in Brüssel Emissionshandel bereitet Ärger
aus Frankfurter Rundschau v. 02.04.2004, S.12, Ausgabe: S Stadt

(4) Umweltminister Jürgen Trittin hält eine Einigung im Emissionsstreit mit Wirtschaftsminister Wolfgang Clement für möglich Trittin-Interview; Stichwort Emissionshandel "Das Problem ist die Industrie"
aus Berliner Morgenpost, Jg. 106, 18.03.2004, Nr. 77, S. 4

(5) Koalitionsstreit um Emissionshandel beigelegt
aus Frankfurter Allgemeine Zeitung, 31.03.2004, Nr. 77, S. 1

(6) Drews, Eva, Die EnBW fühlt sich massiv benachteiligt - Energieversorger übt heftige Kritik am Emissionshandel, Stuttgarter Zeitung, 07.05.2004, S. 13
aus Frankfurter Allgemeine Zeitung, 31.03.2004, Nr. 77, S. 1

(7) Frischluft im Schornstein Energie / Auch nach dem Kompromiss zum Emissionshandel: Das Ringen um den Klimaschutz, die Wettbewerbsfähigkeit und den Erhalt von Arbeitsplätzen geht noch weiter.
aus Capital vom 01.04.2004, Seite 28

(8) Niederlage in der Nacht
aus Entsorga Magazin 04 vom 19.04.2004 Seite 010

(9) Klimasünder sollen blechen
aus Entsorga Magazin 01-02 vom 20.02.2004 Seite 011

(10) Emissionshandel - darum geht es
aus Frankfurter Allgemeine Sonntagszeitung,
28.03.2004, Nr. 13, S. 41

(11) Clement sieht Industrie am Zug Regierung
fordert nach Einigung beim Emissionshandel Umbau
des Kraftwerkparks / Haushalte und Verkehr belastet
aus Frankfurter Rundschau v. 31.03.2004, S.11,
Ausgabe: S Stadt

(12) Auslandsprojekte ergänzen Emissionshandel
Unternehmen können Abbau der Luftverschmutzung
in Drittländern unterstützen und eigene Bilanz
aufpolieren
aus Financial Times Deutschland vom 27.04.2004,
Seite 21

(13) Im Emissionshandel zeigen sich Schlupflöcher
aus Frankfurter Allgemeine Zeitung, 24.03.2004, Nr. 71,
S. 31

(14) KURZMELDUNGEN
aus Die SparkassenZeitung, 08.04.2004, Nr. 15, S. 2

(15) Grassmann, Philip, Vorbereitungen für
Emissionshandel, Süddeutsche Zeitung, 06.04.2004,
Ausgabe Deutschland, S. 23
aus Die SparkassenZeitung, 08.04.2004, Nr. 15, S. 2

(16) Emissionshandel bleibt bei Start 2005 an

Ländergrenzen hängen Experten sehen Probleme in nationalen Regeln
aus Financial Times Deutschland vom 06.04.2004, Seite 21

(17) O. V., Die Berliner Pläne zum Emissionshandel, Stuttgarter Zeitung, 07.05.2004, S. 13
aus Financial Times Deutschland vom 06.04.2004, Seite 21

(18) Firmen müssen Lizenzen beantragen Bürokratie für Emissionshandel kostet einige Cent pro Tonne Kohlendioxid
aus Financial Times Deutschland vom 06.04.2004, Seite 13

(19) Klimaschutz kann sich bezahlt machen Studie über Folgen des Emissionshandels für die Stromwirtschaft / WWF sieht Chancen für Konzerne
aus Frankfurter Rundschau v. 19.02.2004, S.12, Ausgabe: S Stadt

(20) "Carbon Expo" startet im Juni in Köln Der Emissionshandel hat schon vor Einführung eine Messe
aus Die Welt, Jg. 59, 15.05.2004, Nr. 113, S. 14

Impressum

Der nationale Allokationsplan zum Emissionshandel

Bibliografische Information der deutschen Nationalbibliothek

Die Deutsche Nationalbibliothek verzeichnet diese Publikation in der deutschen Nationalbibliografie; detaillierte bibliografische Daten sind im Internet über http://dnb.d-nb.de abrufbar.

ISBN: 978-3-7379-1441-3

© 2015 GBI-Genios Deutsche Wirtschaftsdatenbank GmbH, Freischützstraße 96, 81927 München, www.genios.de

Alle Rechte vorbehalten. Dieses Werk ist einschließlich aller seiner Teile – z.B. Texte, Tabellen und Grafiken - urheberrechtlich geschützt. Jede Verwertung außerhalb der Grenzen des Urheberrechtsgesetzes bedarf der vorherigen Zustimmung des Verlags. Dies gilt insbesondere auch für auszugsweise Nachdrucke, fotomechanische Vervielfältigungen (Fotokopie/Mikroskopie), Übersetzungen, Auswertungen durch Datenbanken oder ähnliche Einrichtungen und die Einspeicherung und Verarbeitung in elektronischen Systemen.